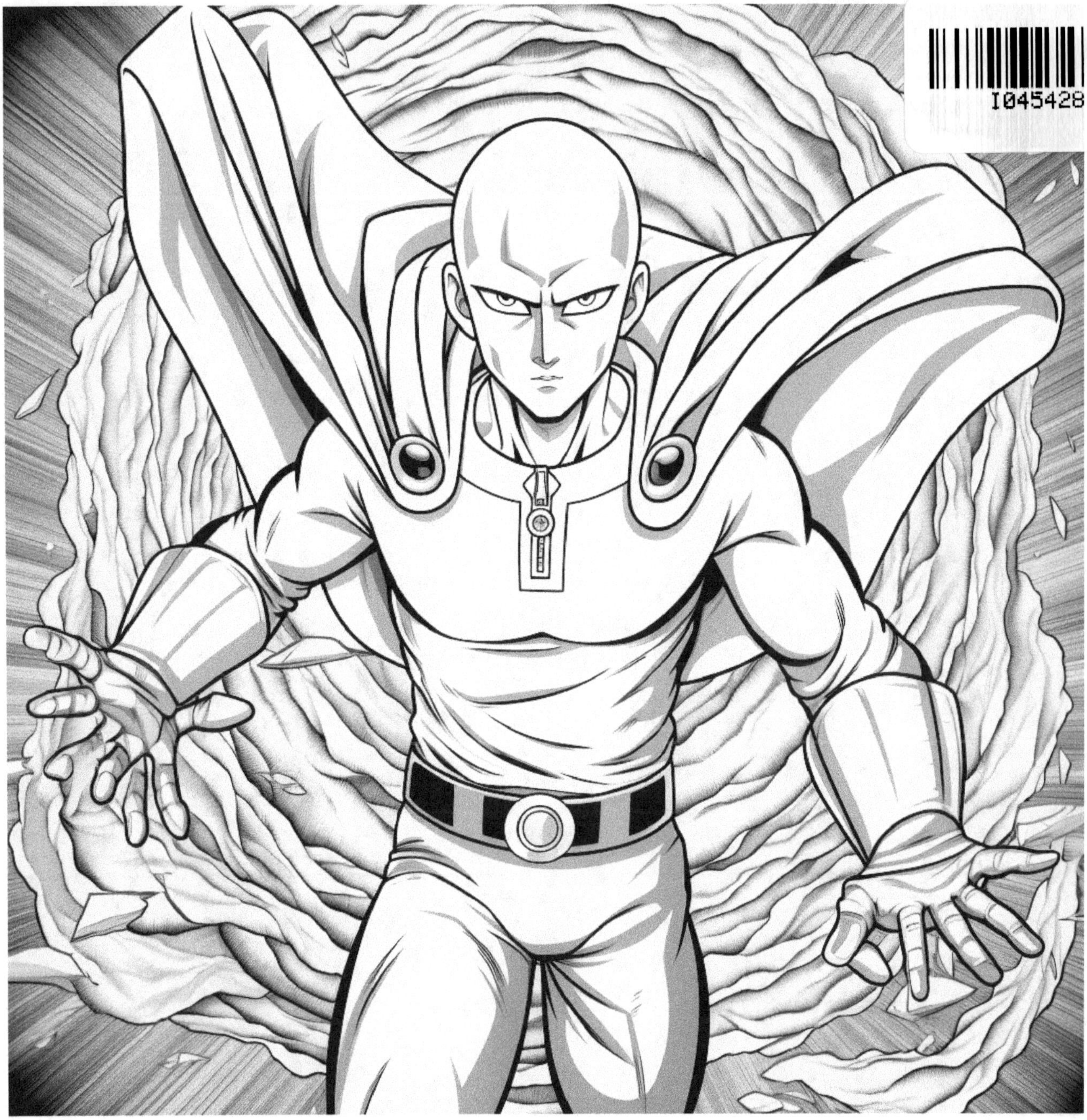

THIS COLORING BOOK
BELONGS TO:

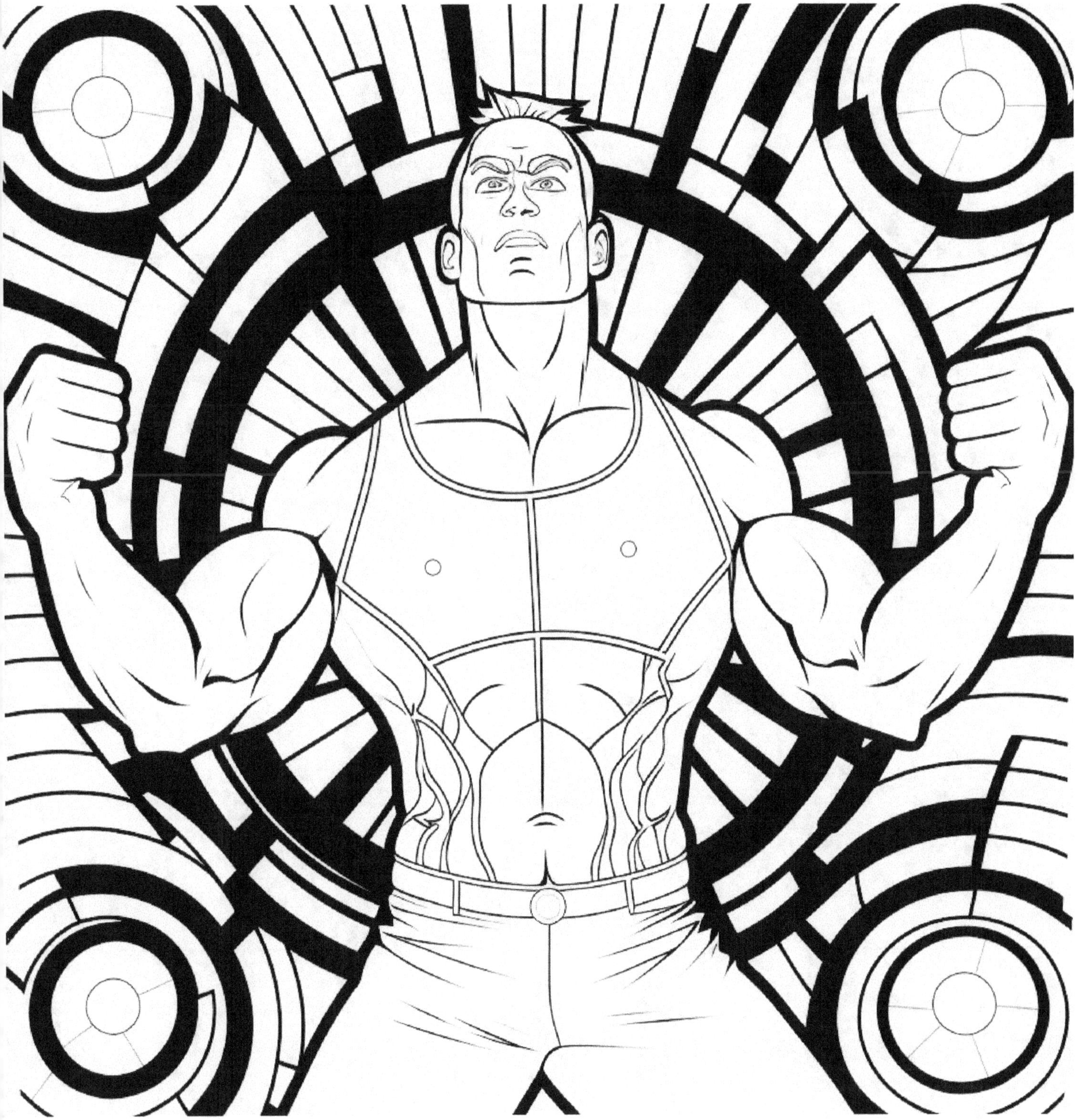

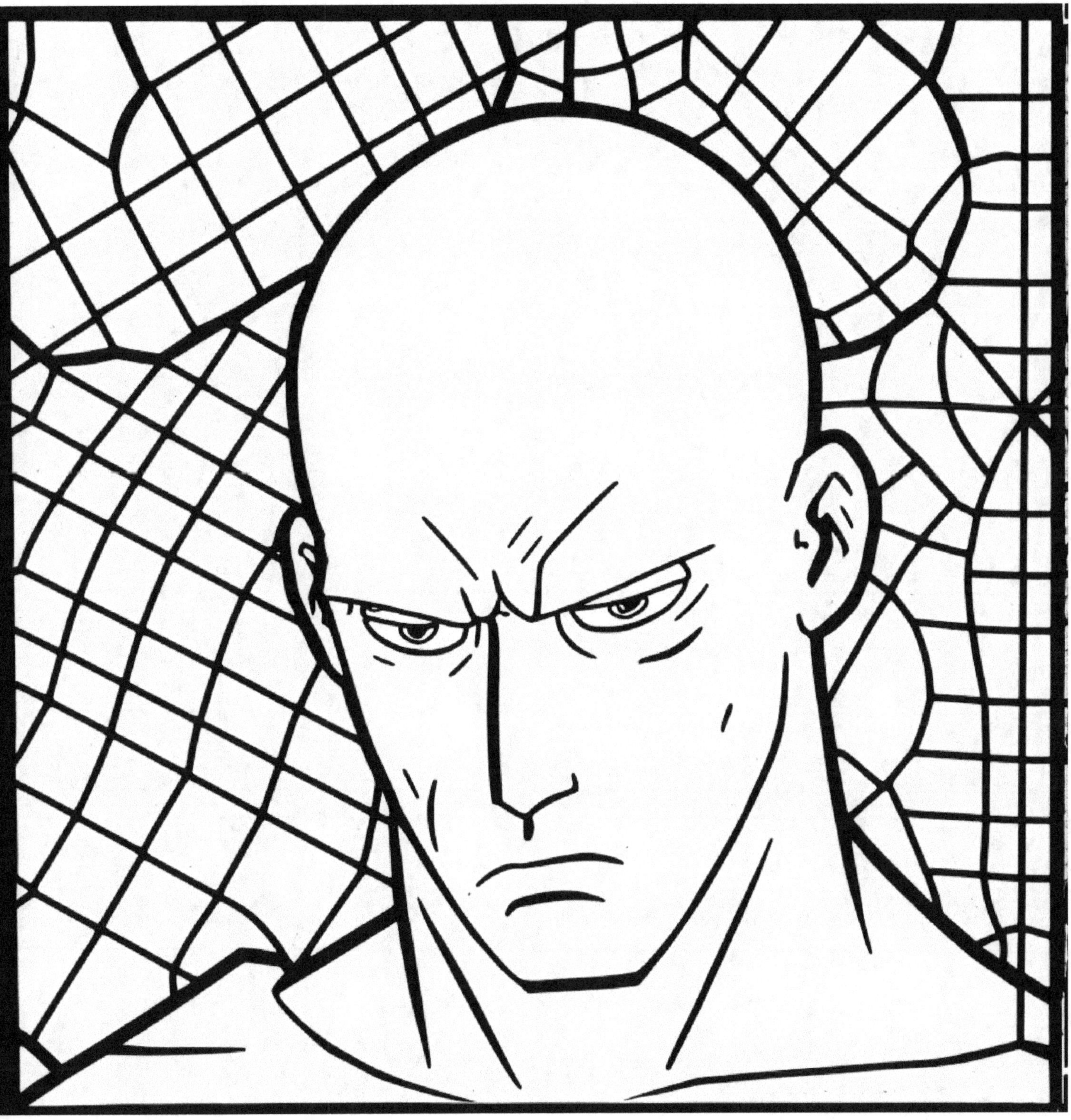

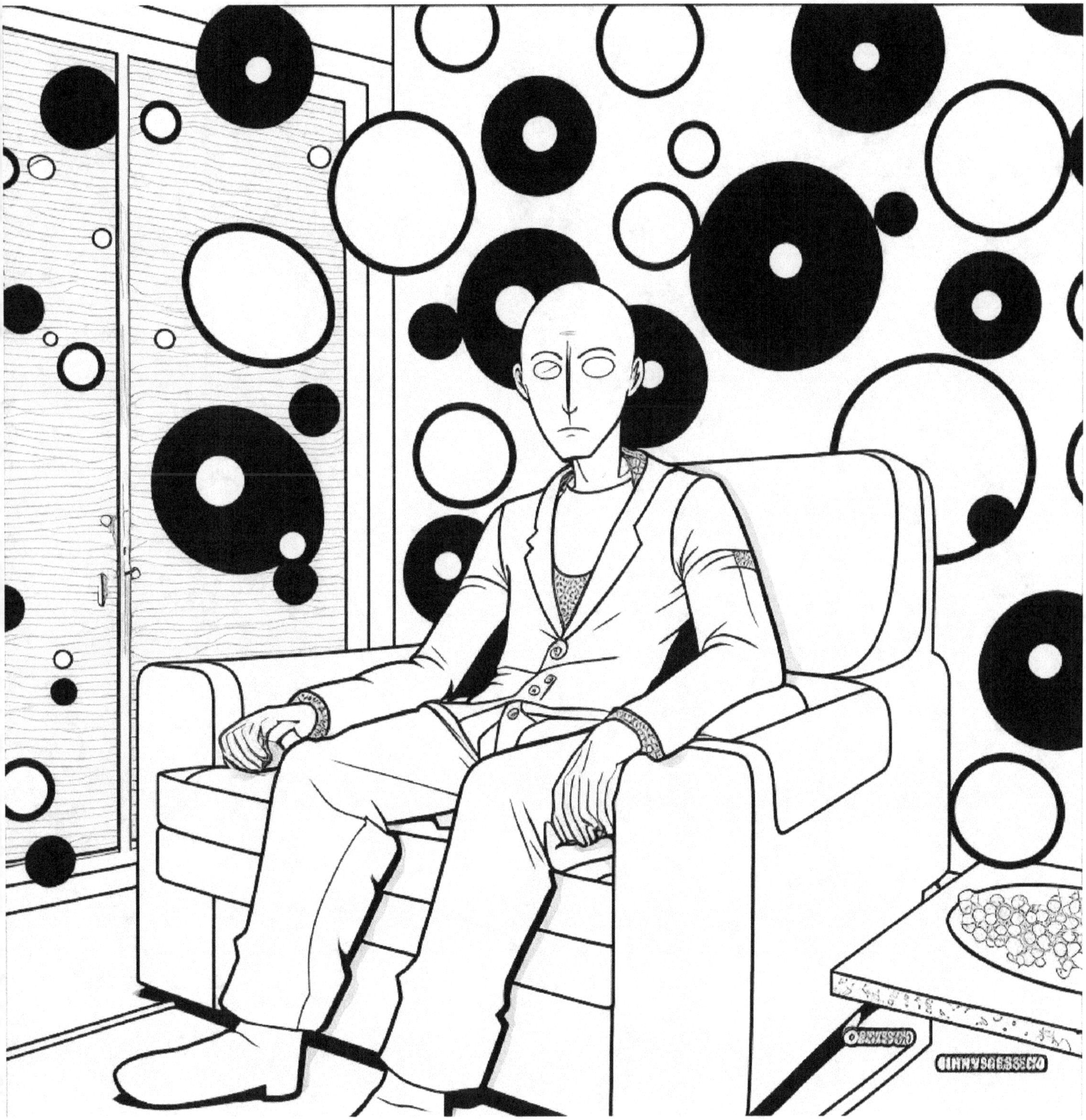

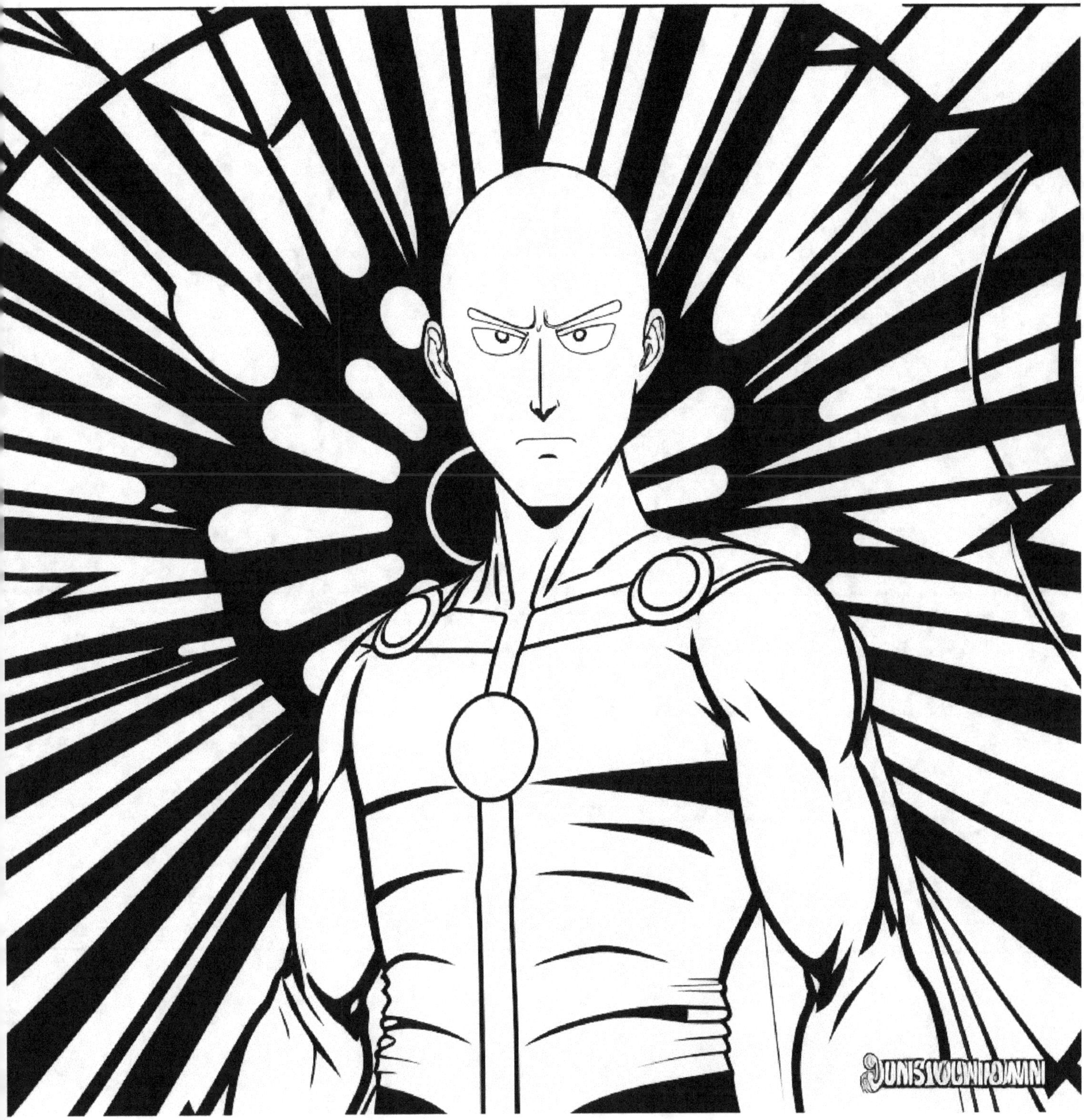

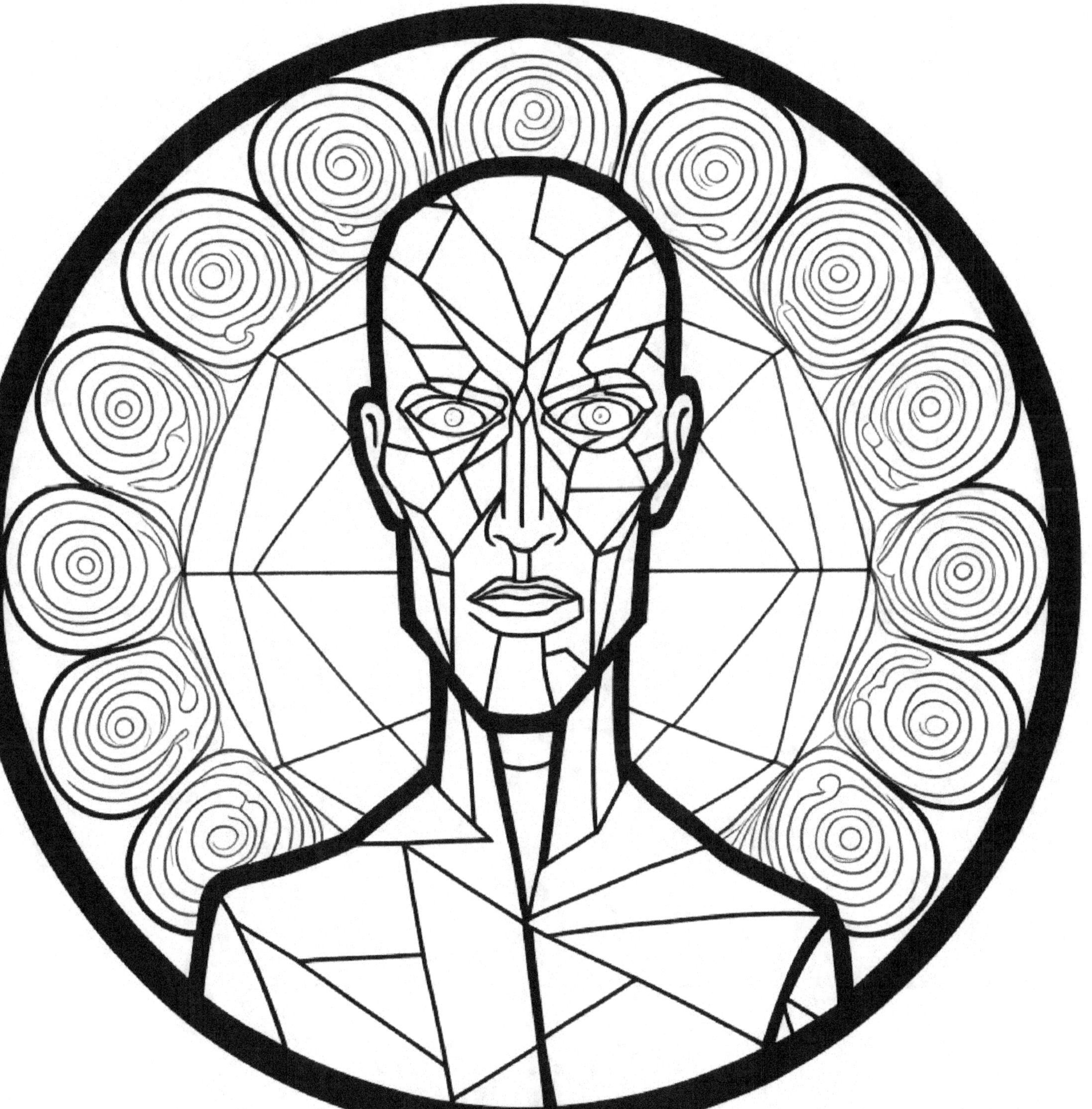

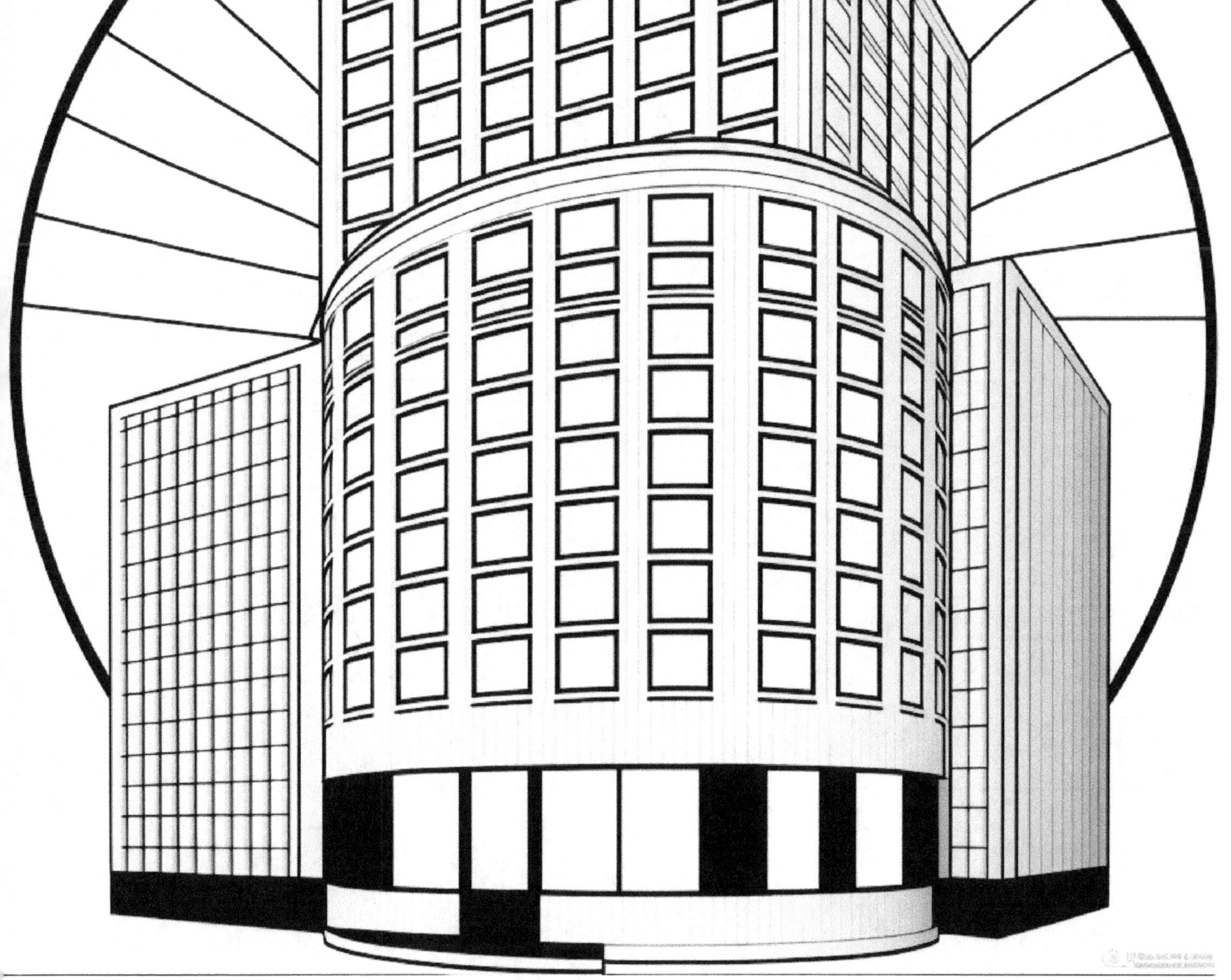

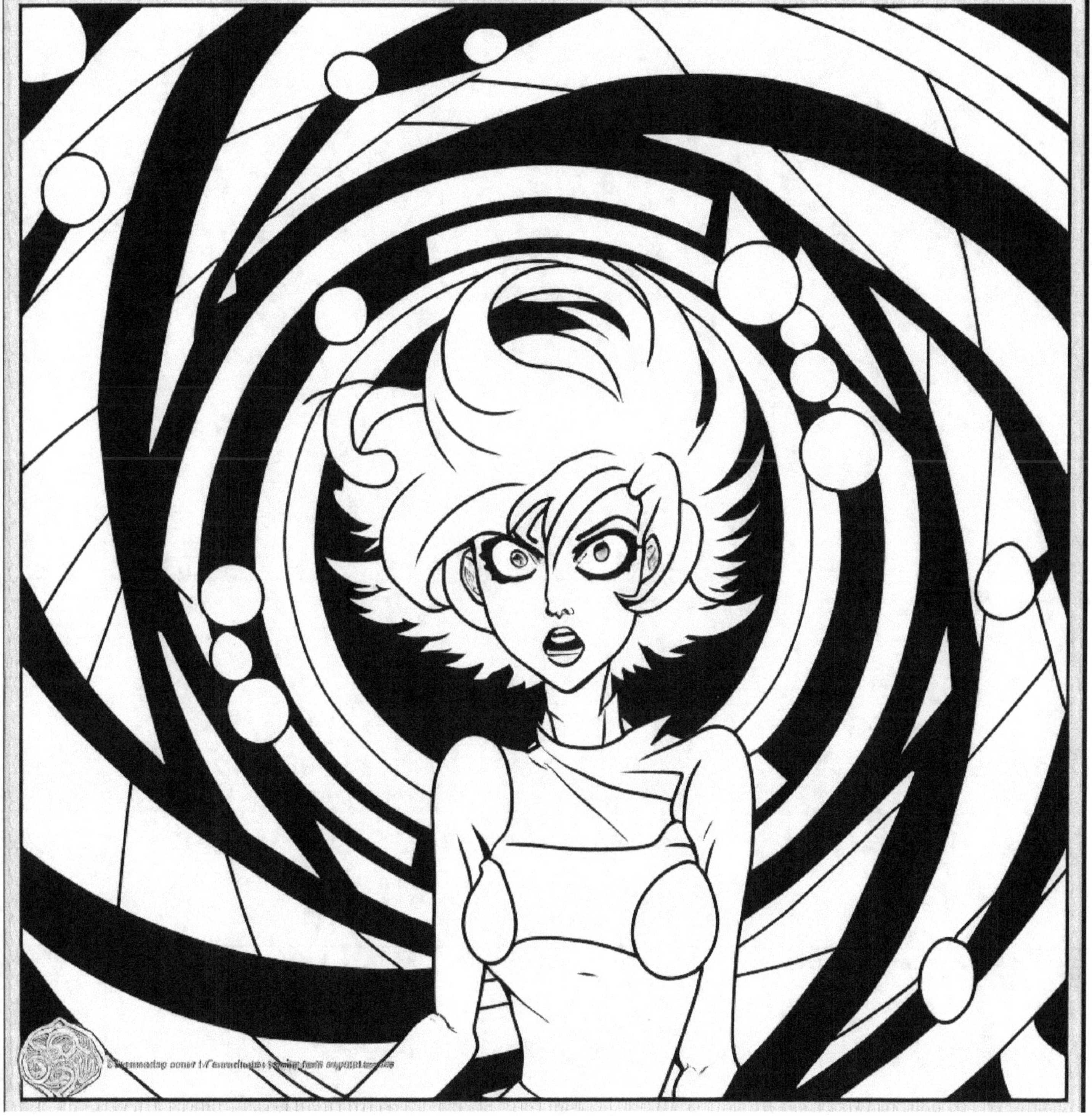

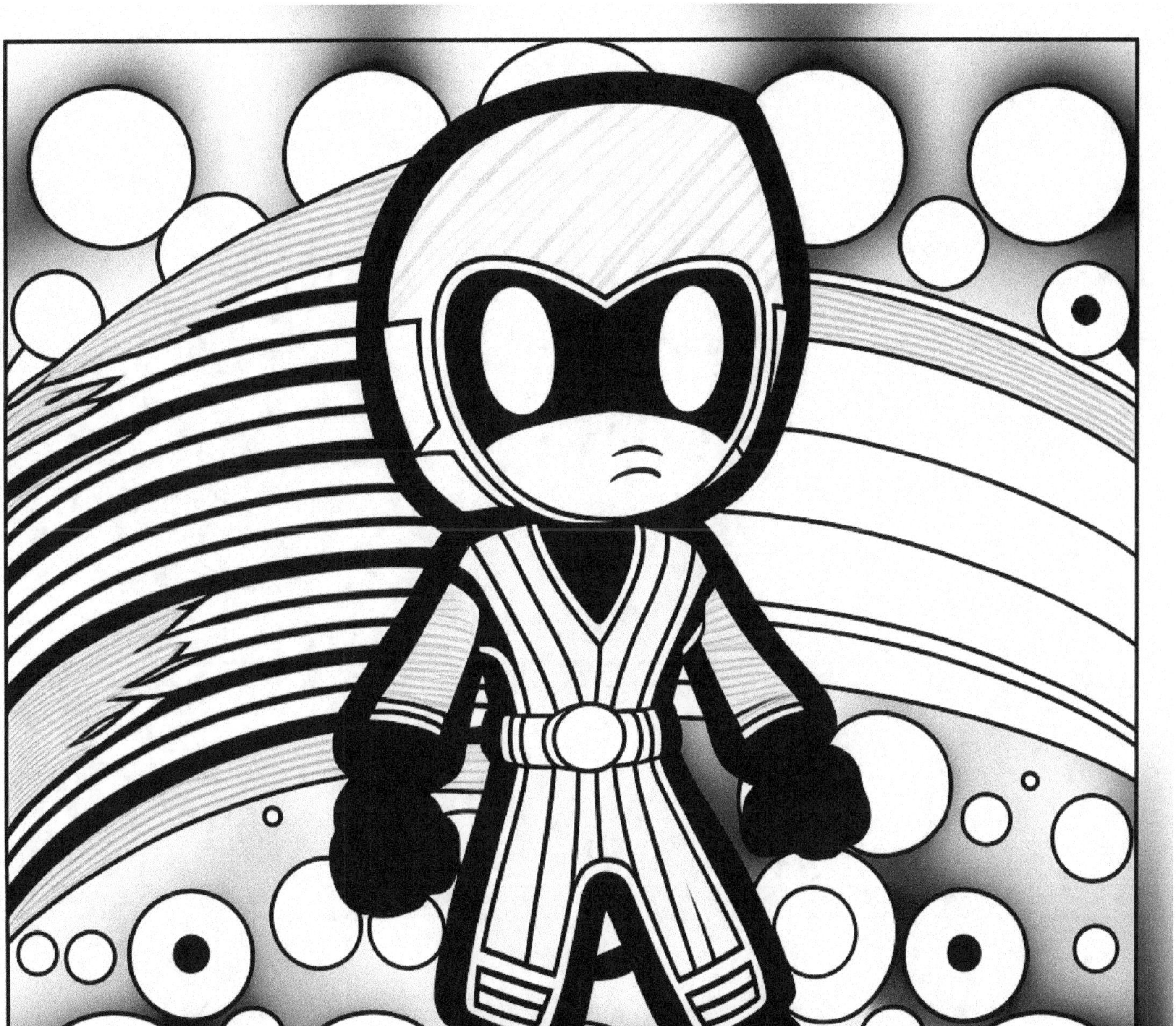

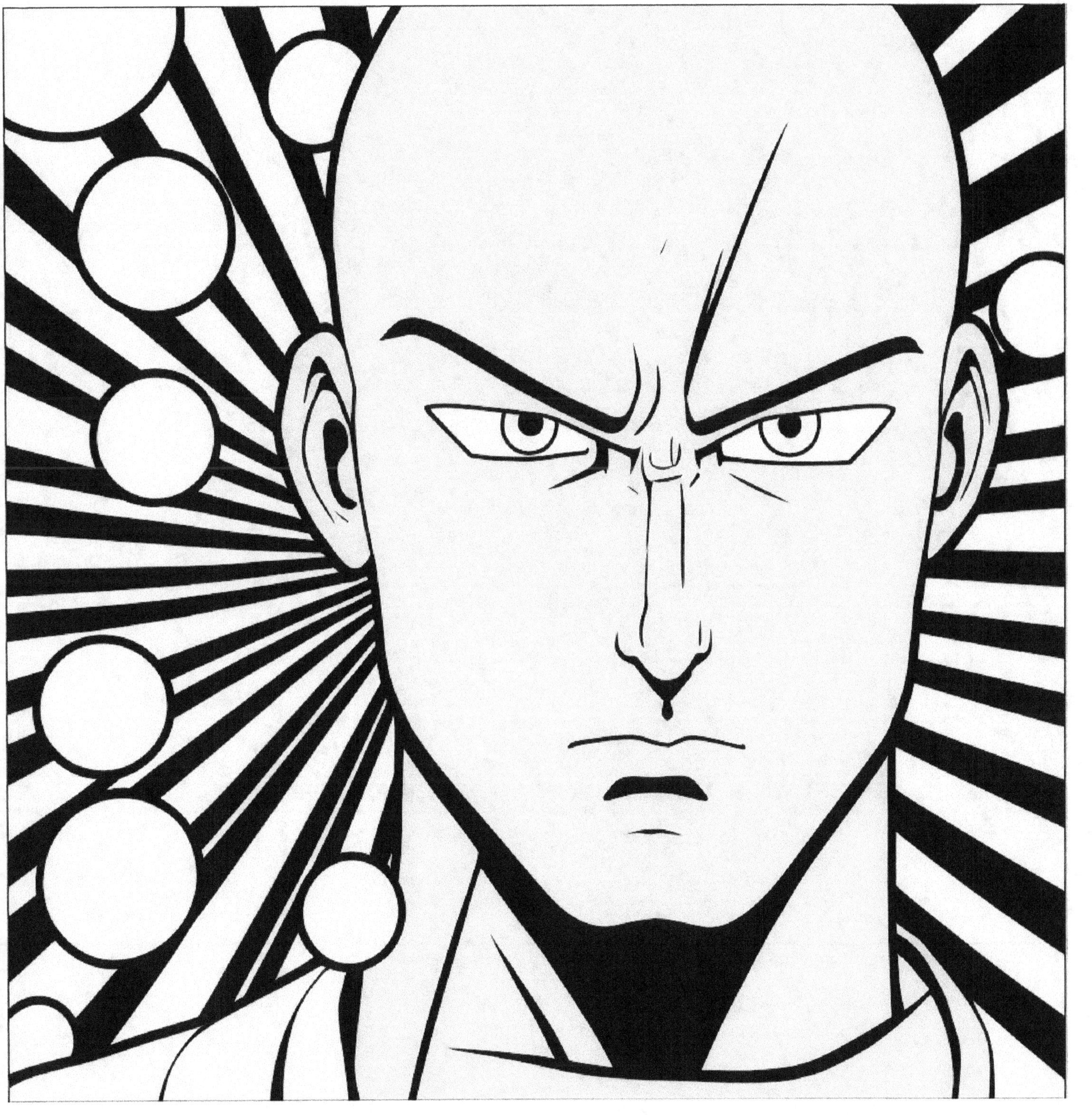

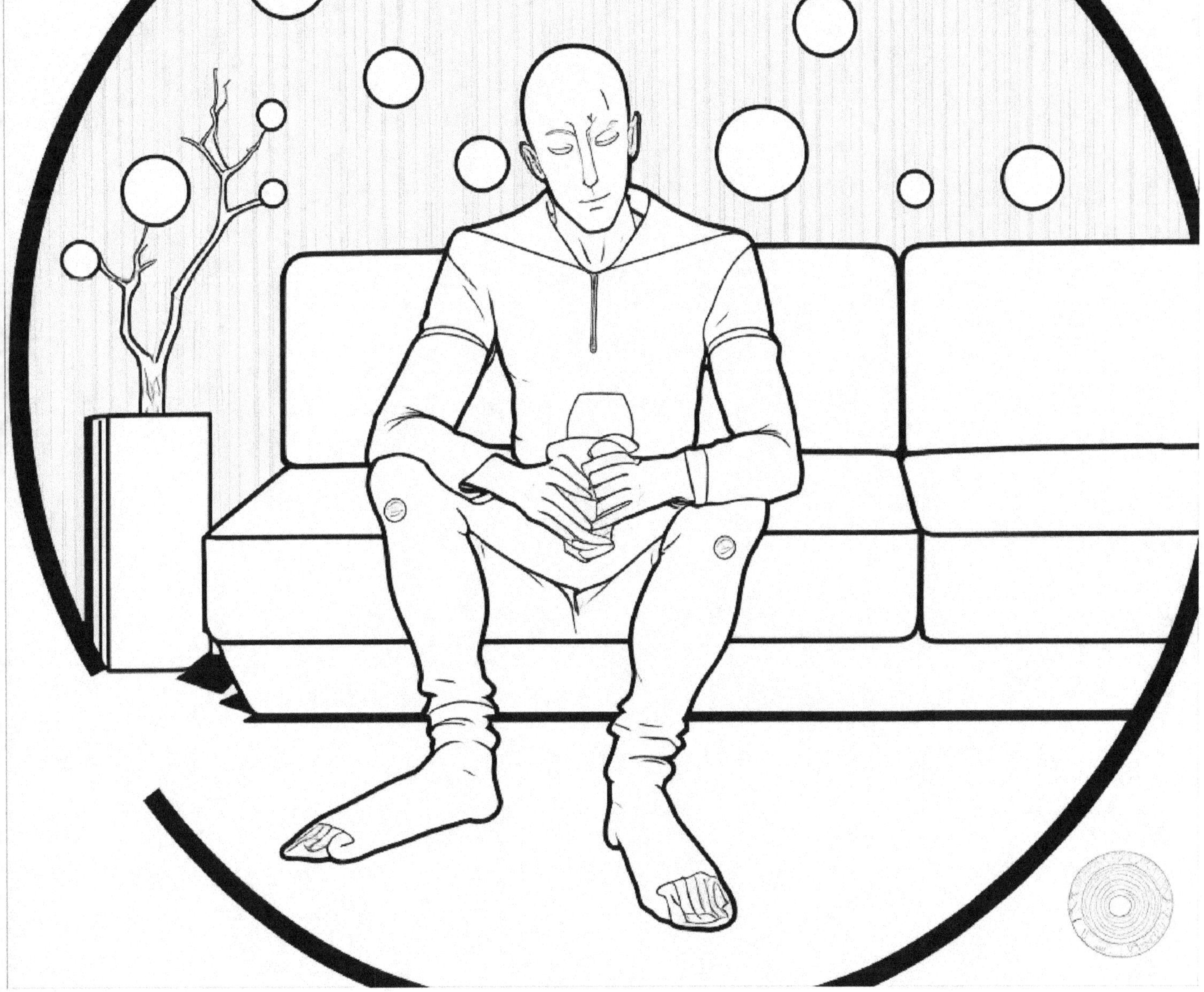

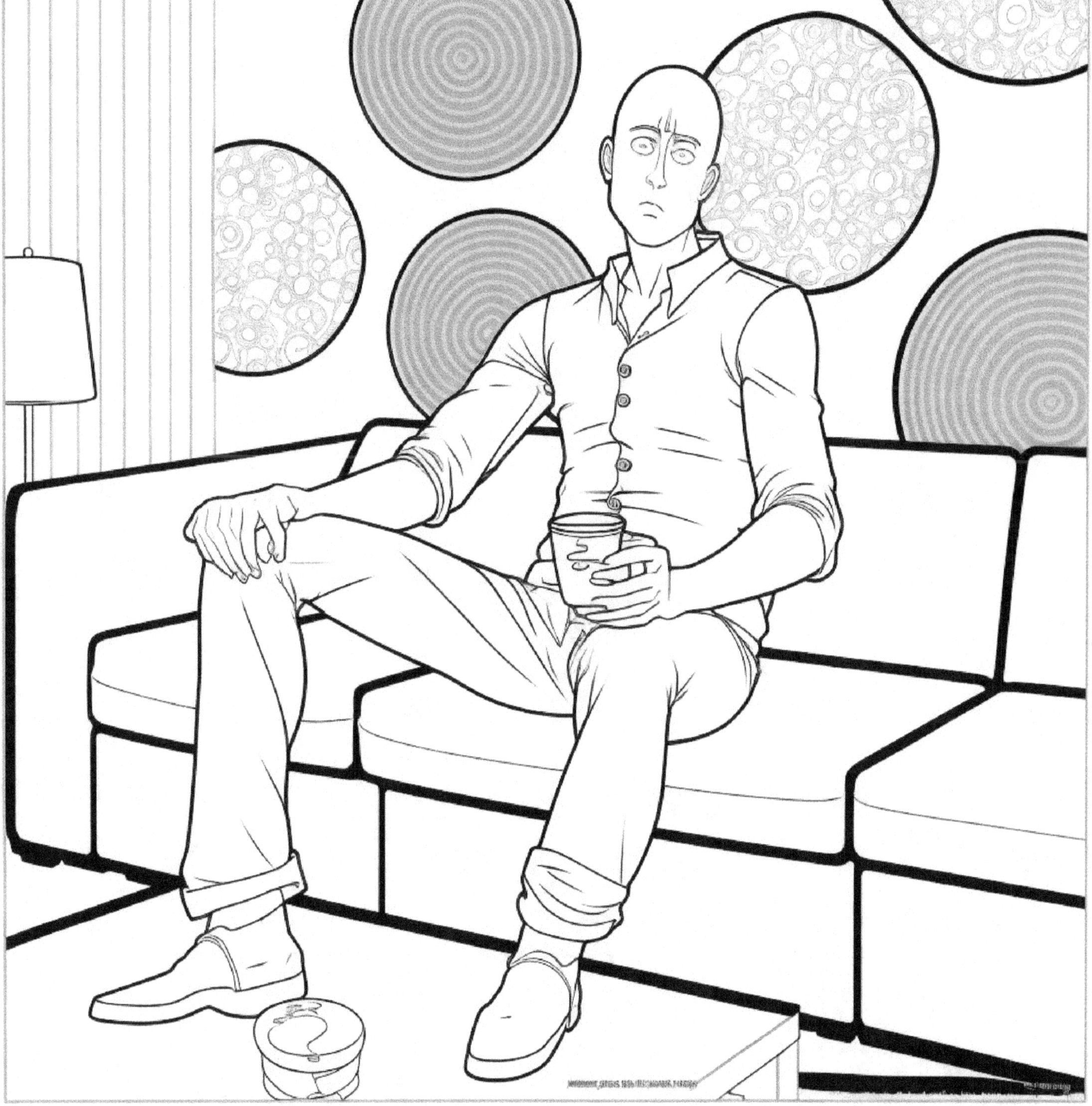

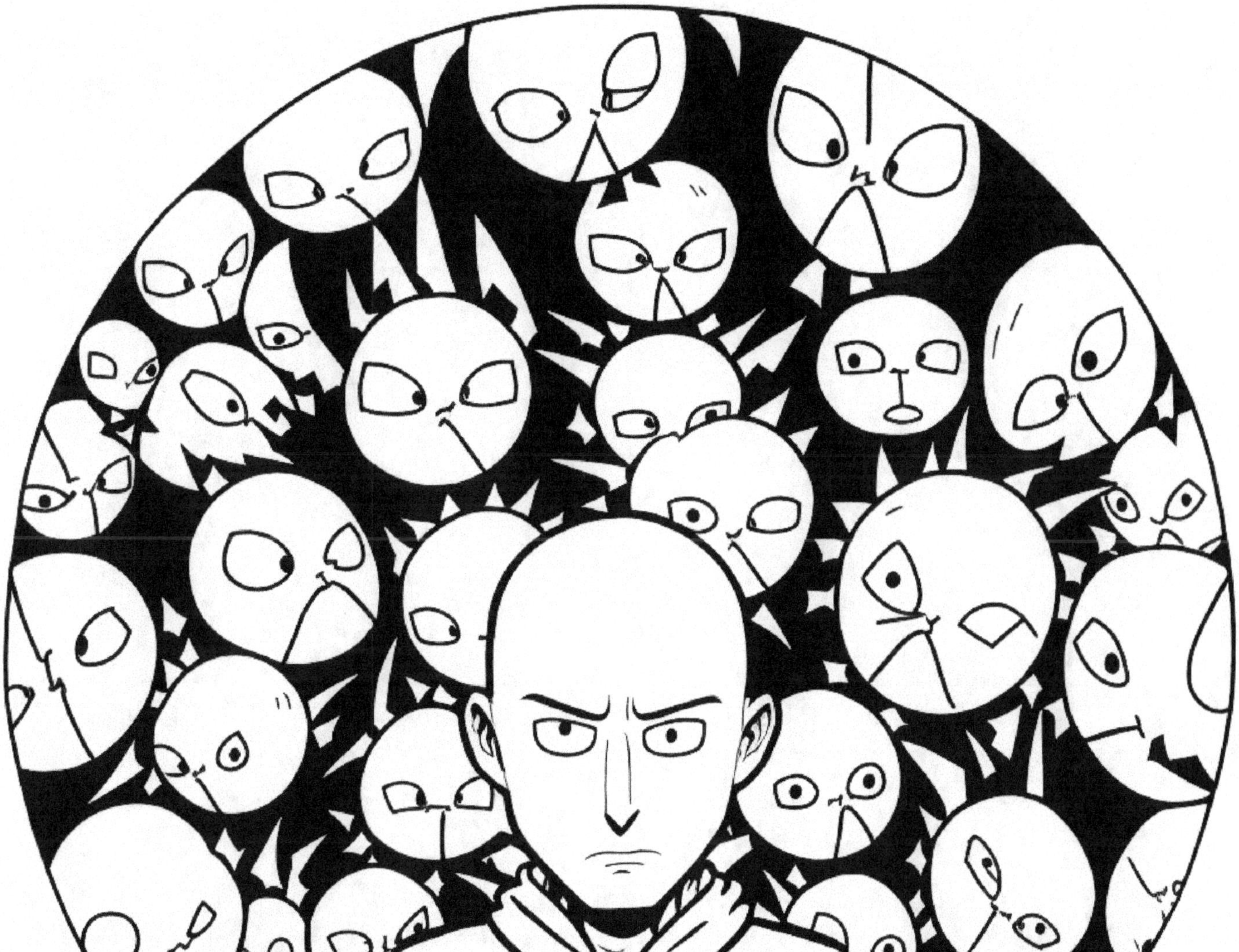

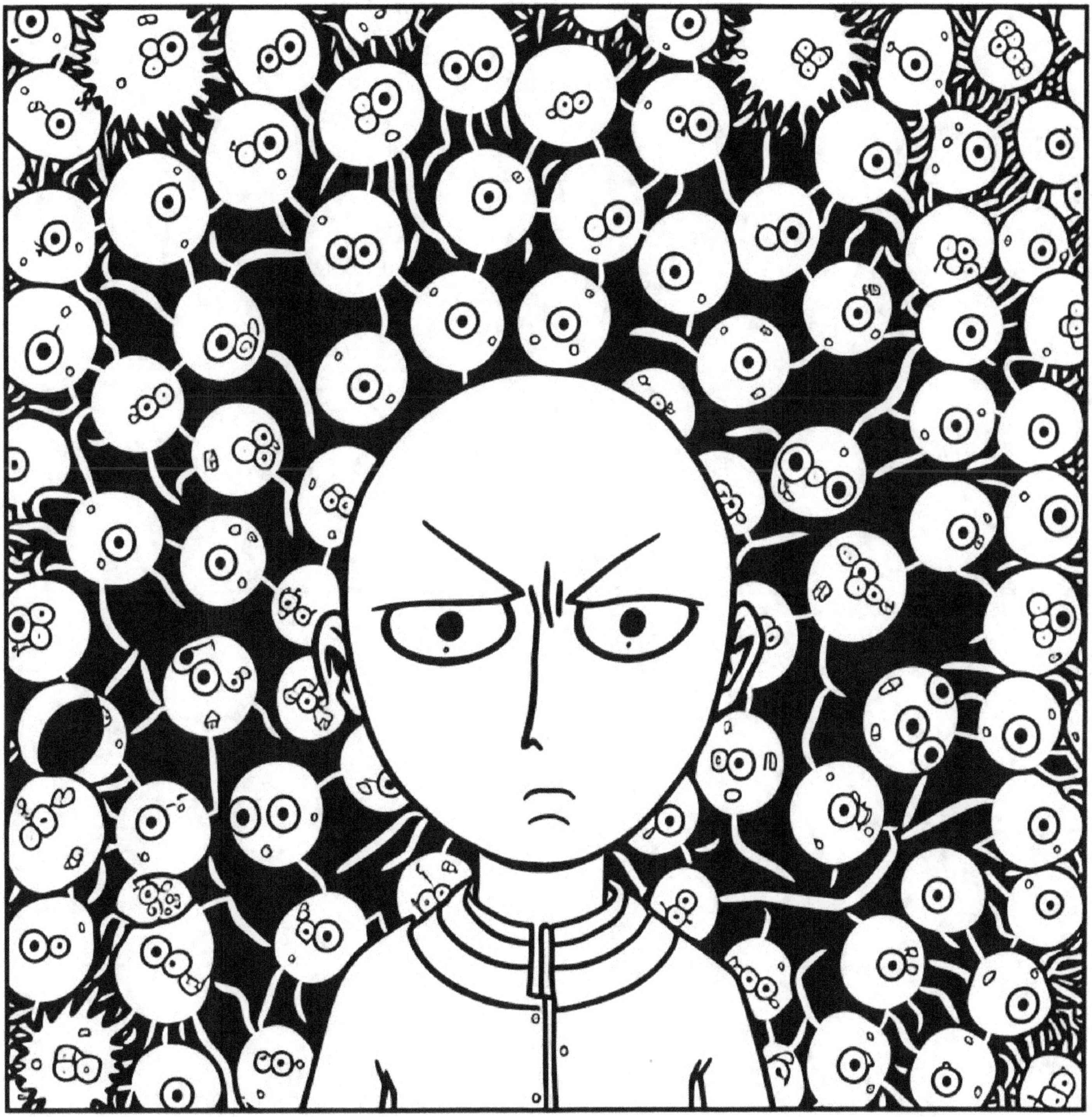

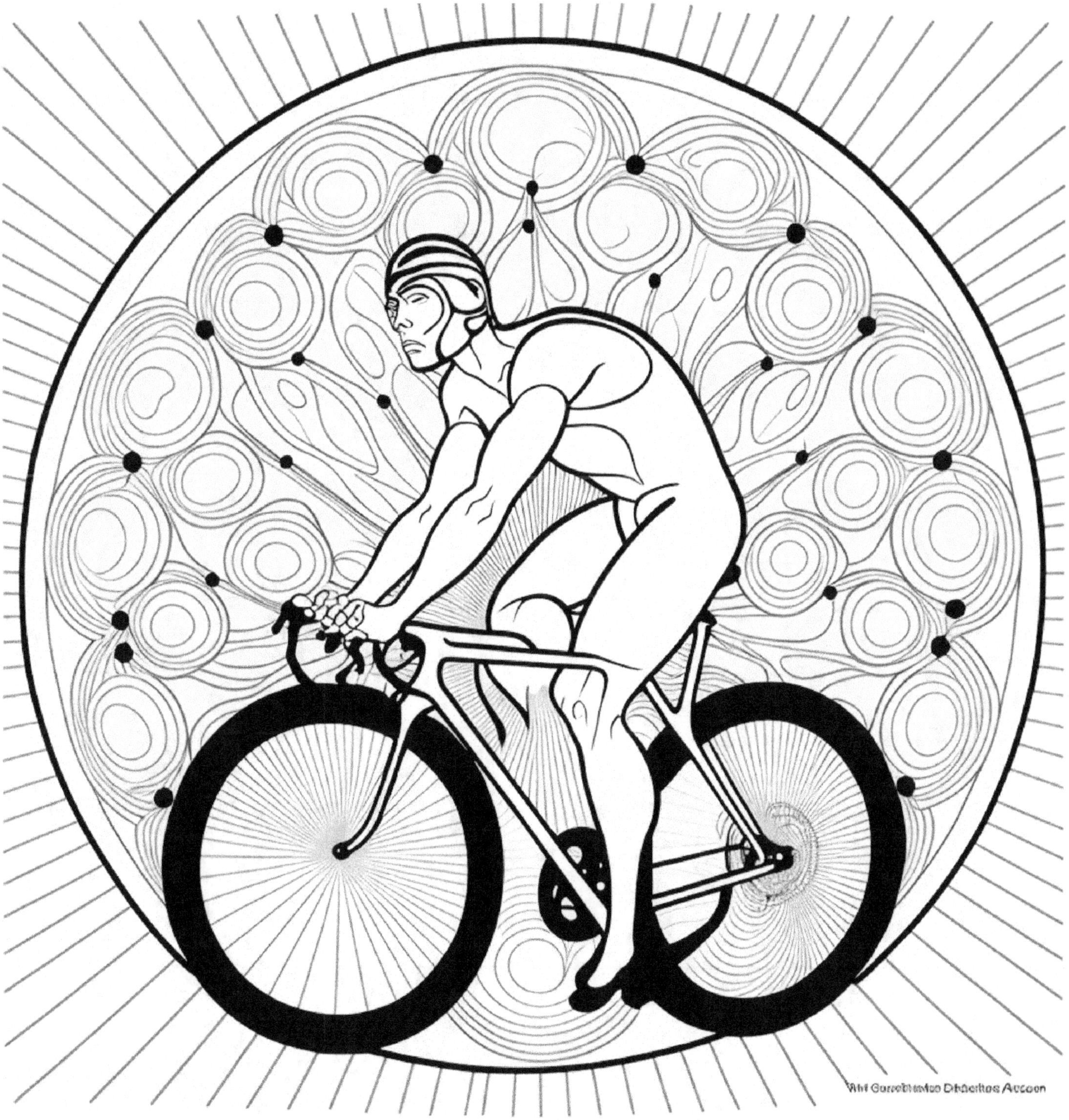

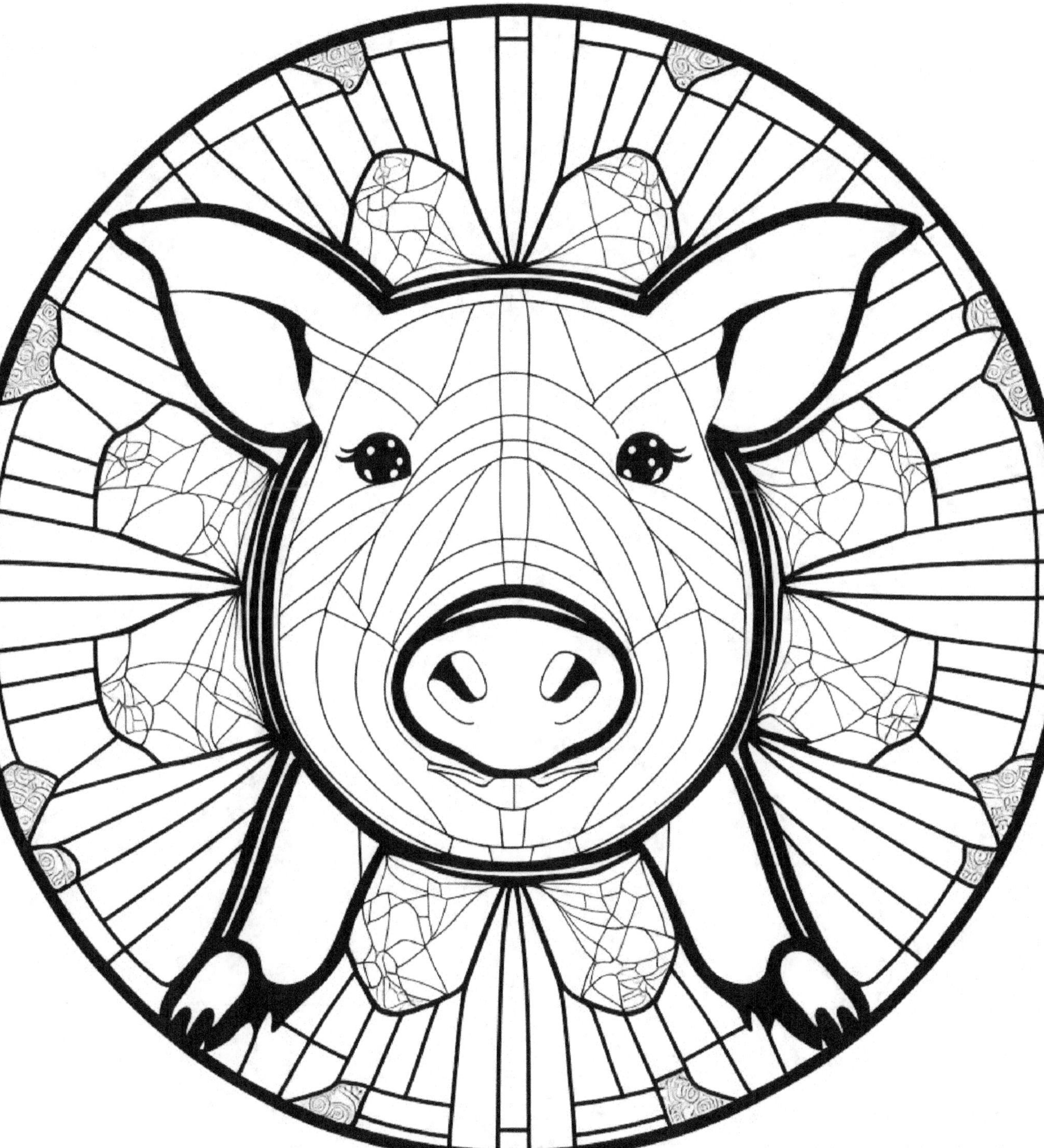

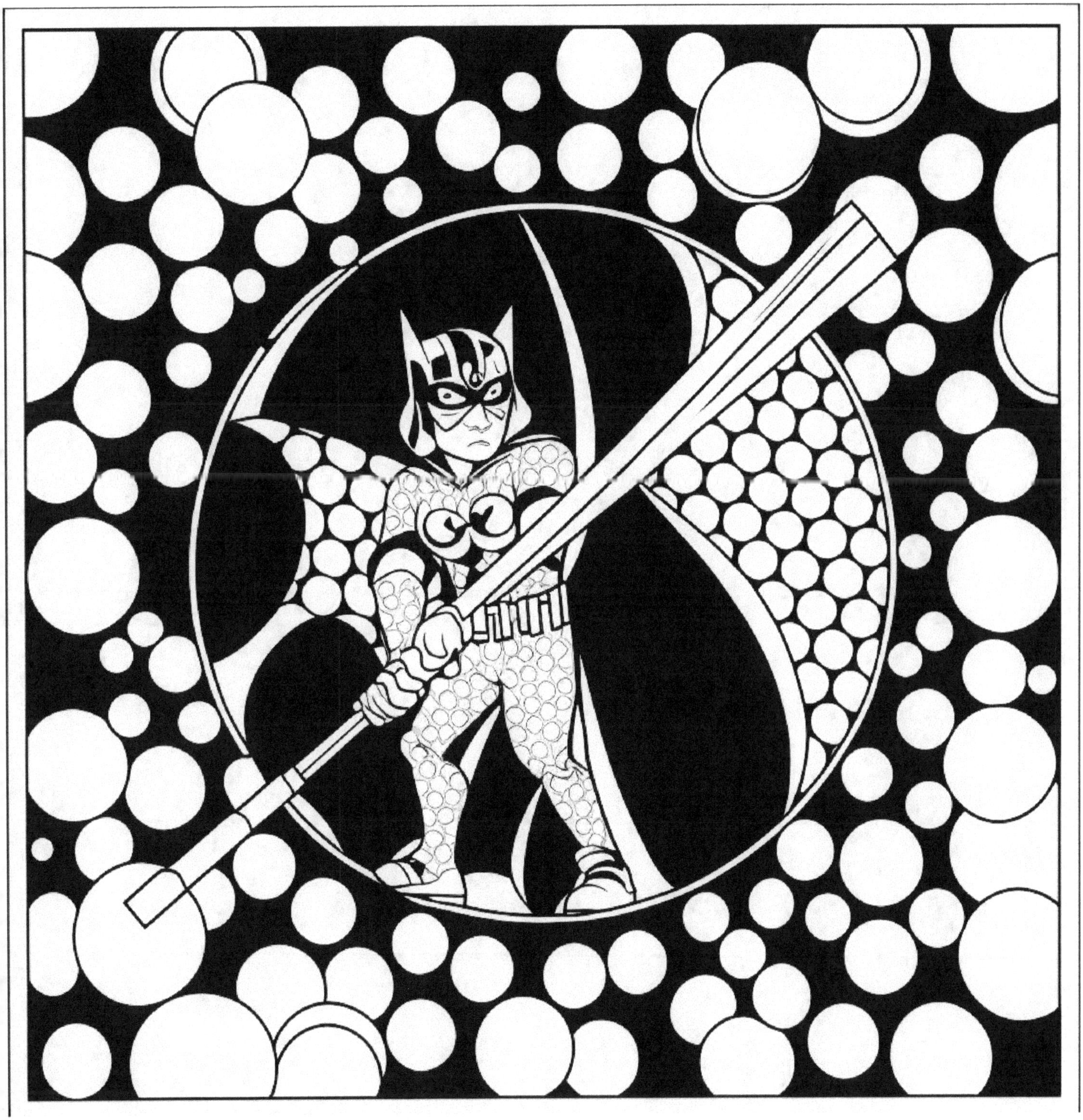

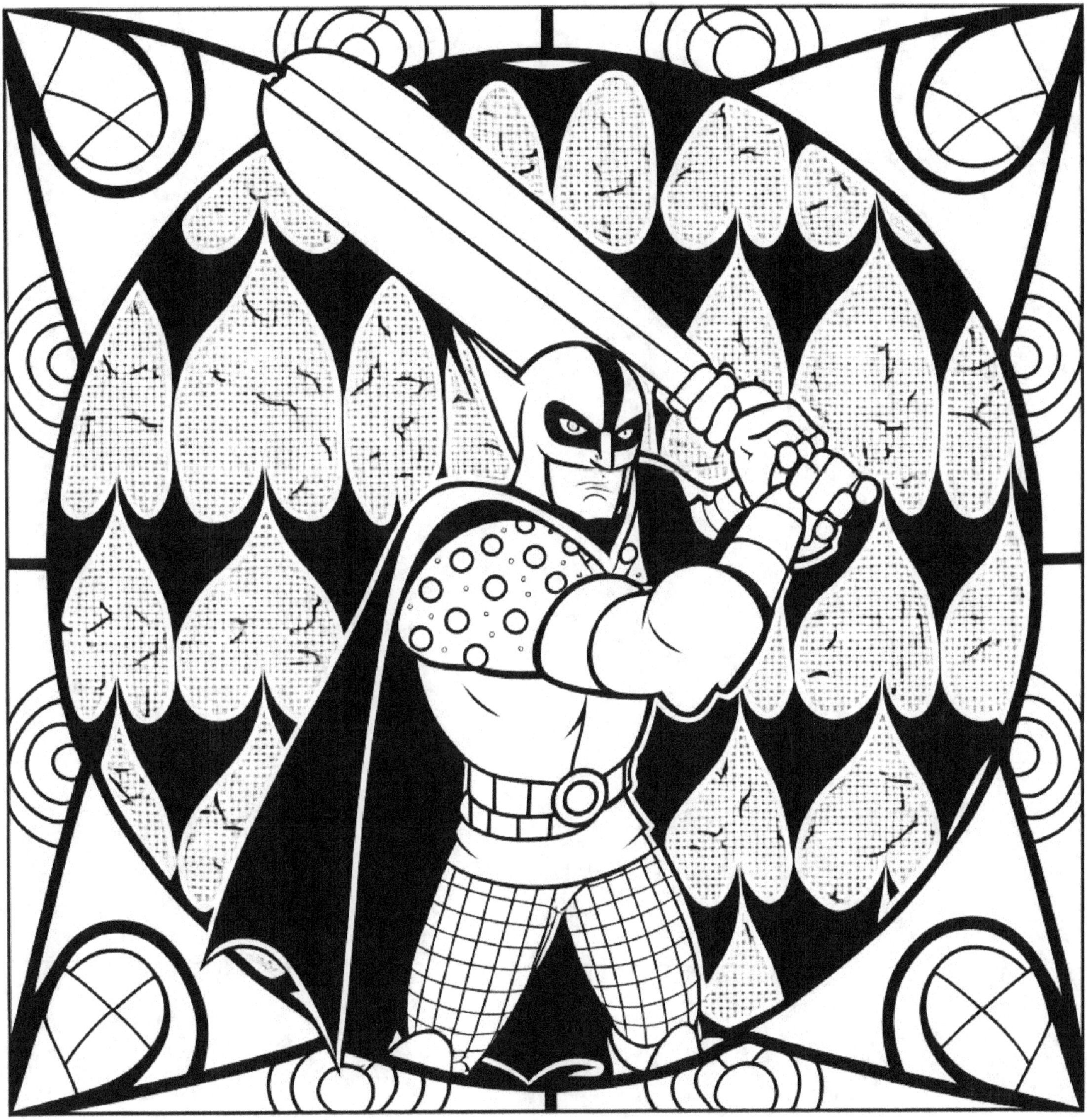

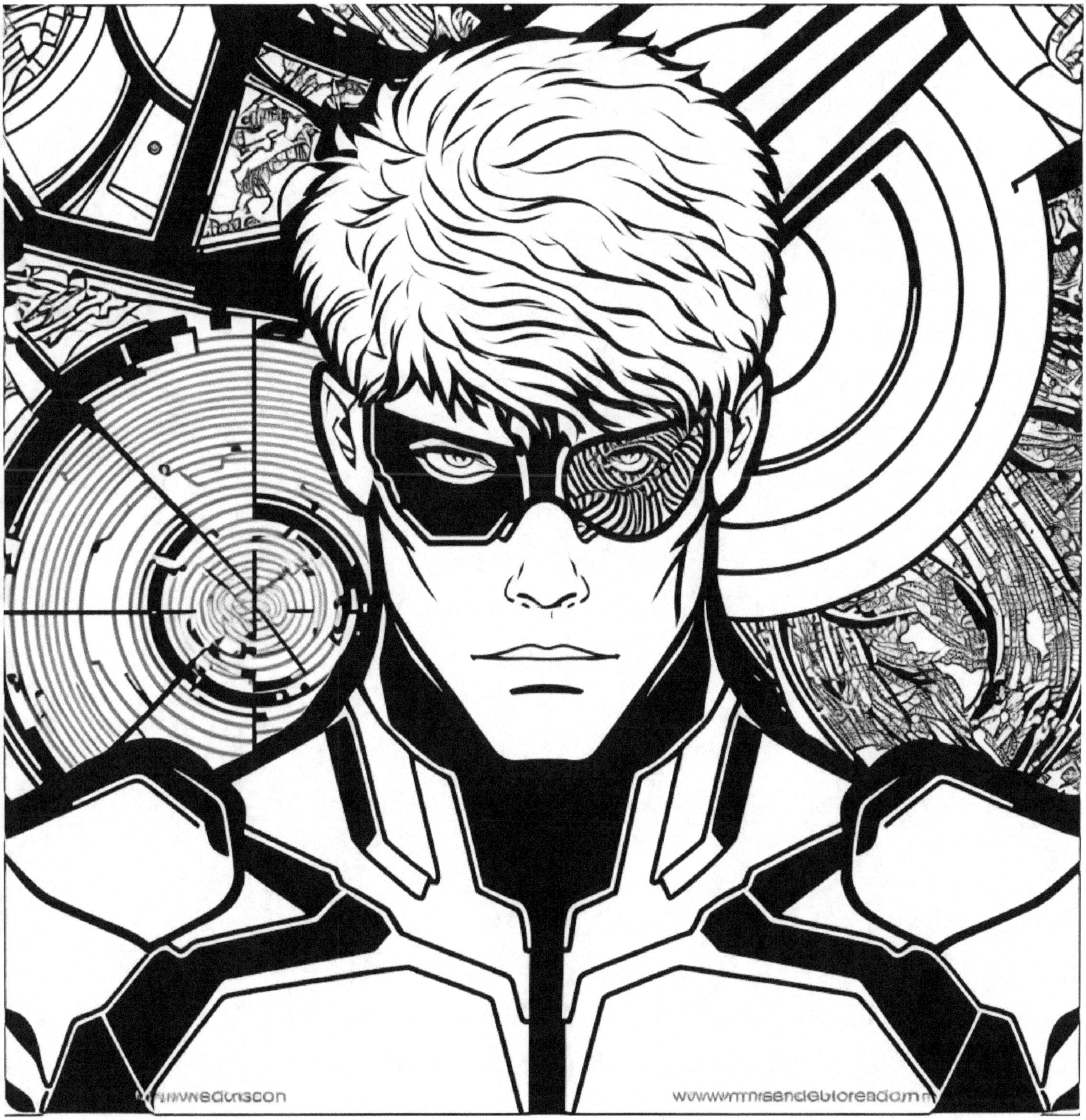

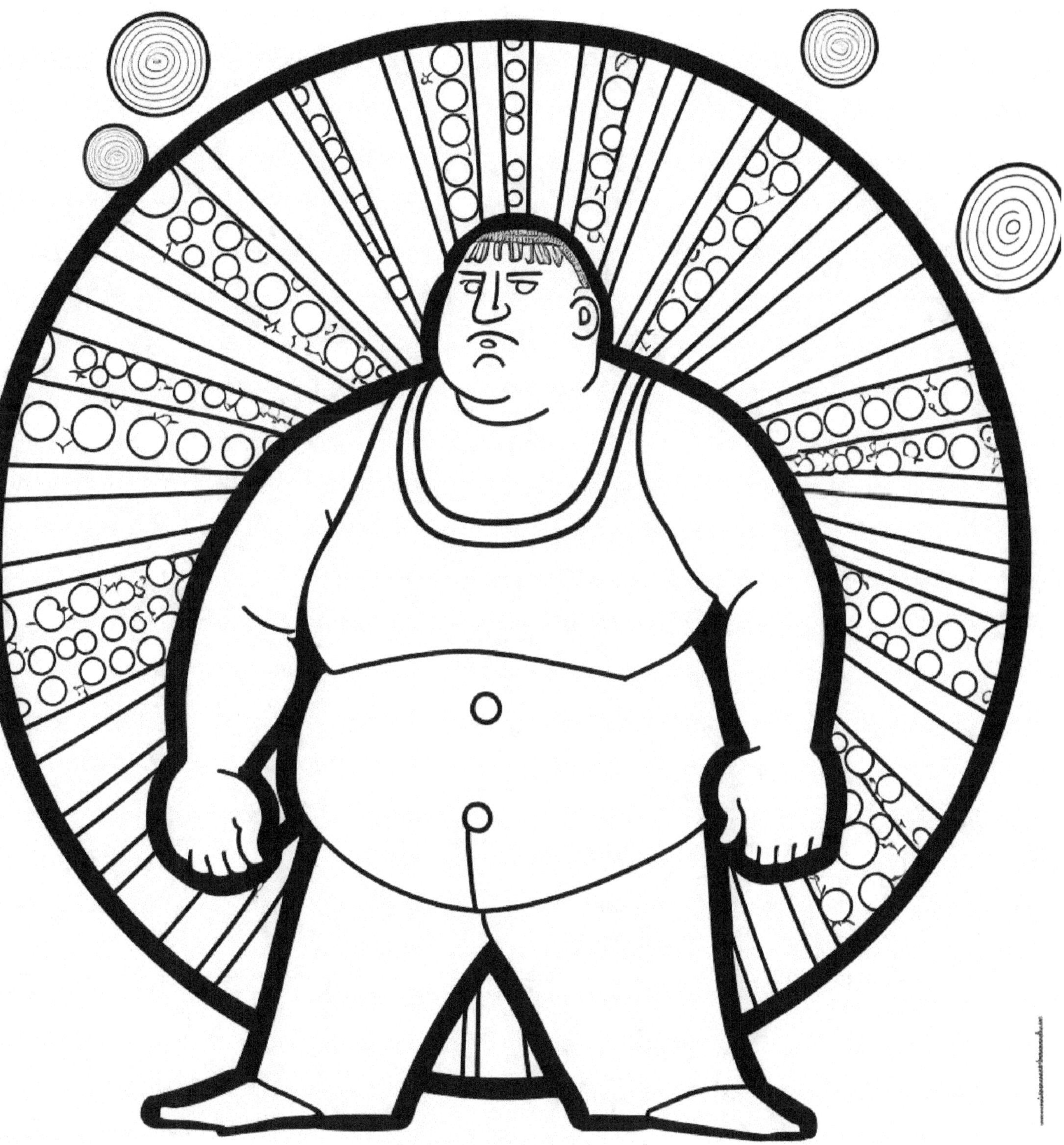

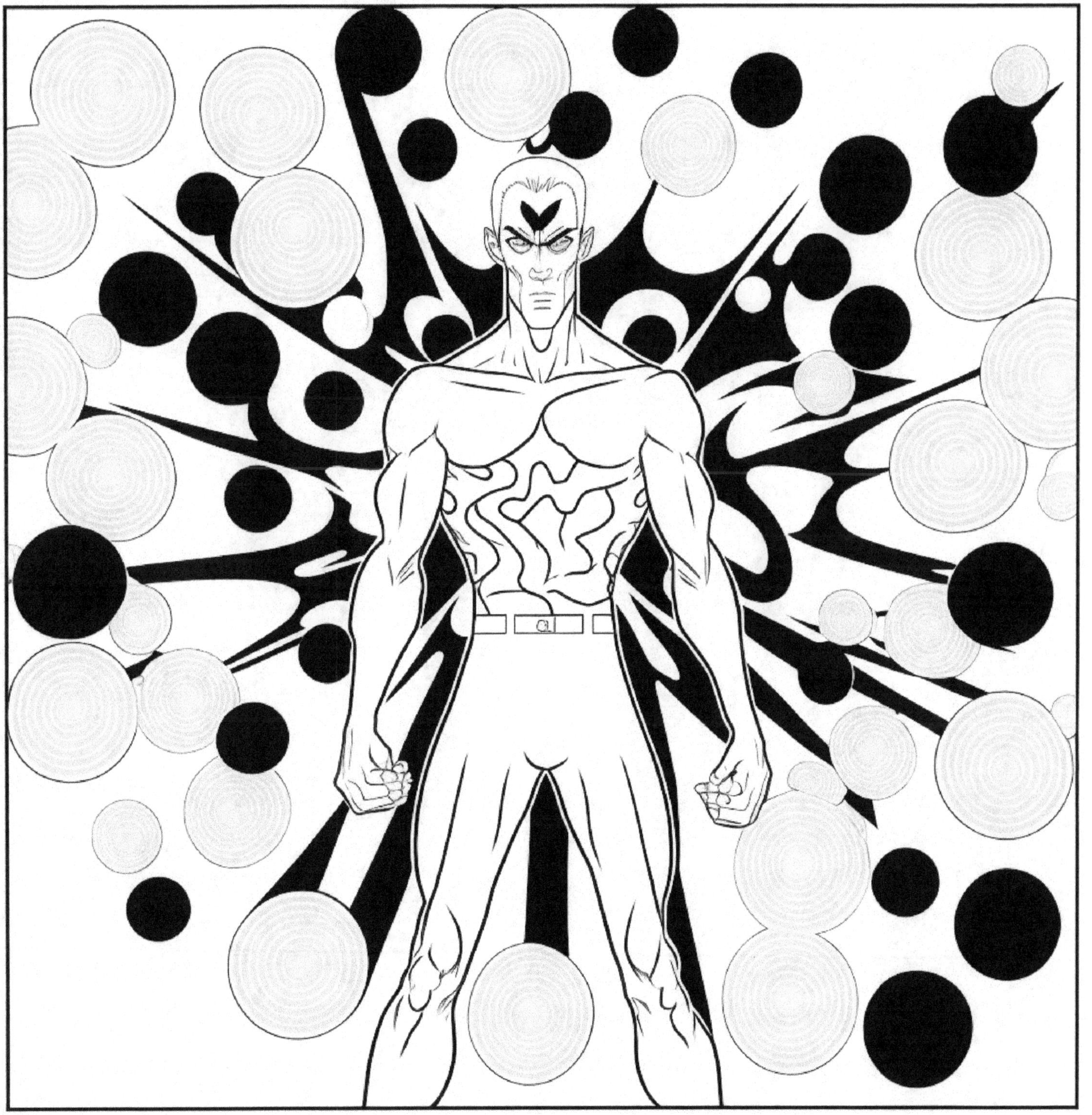

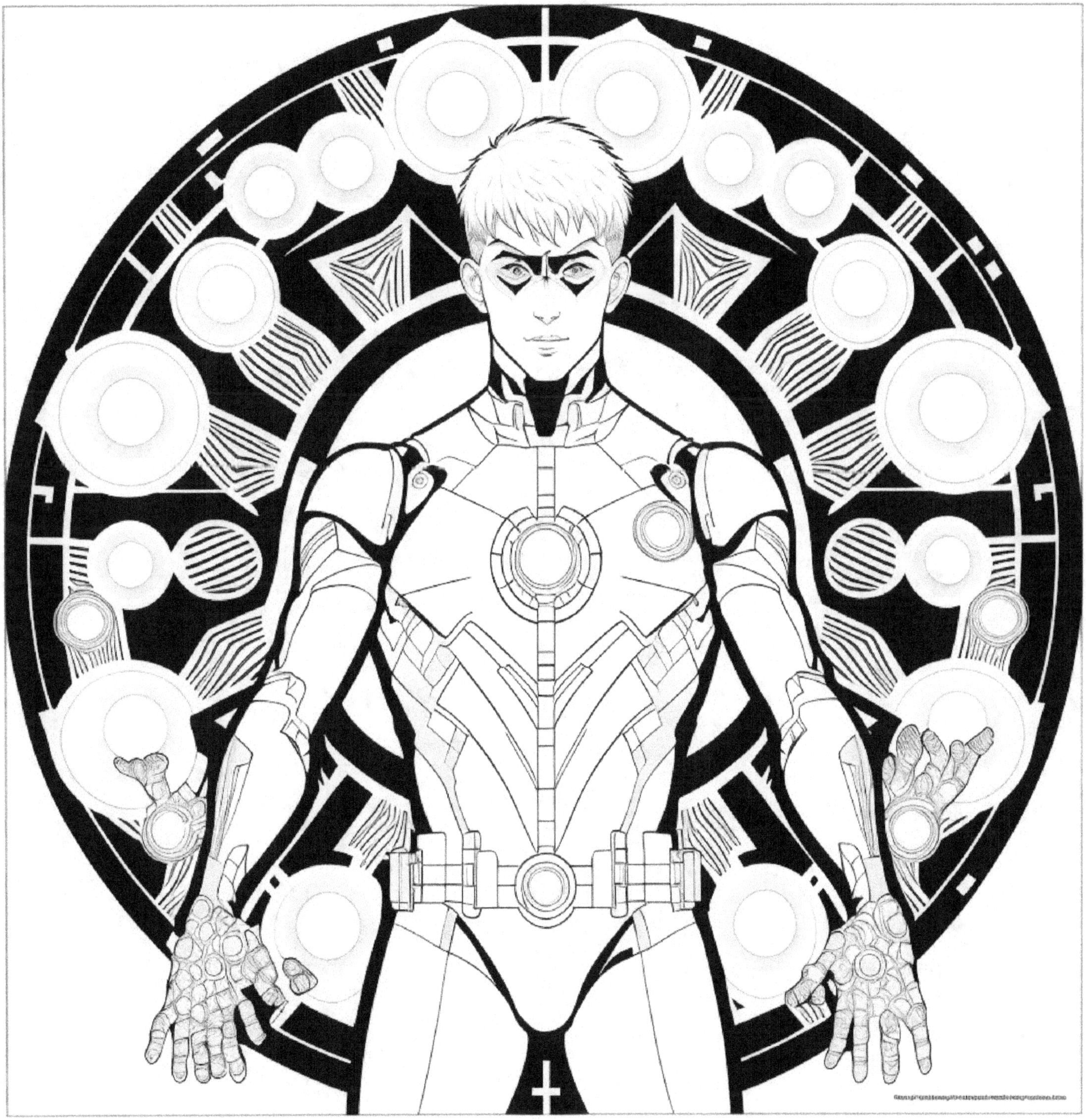

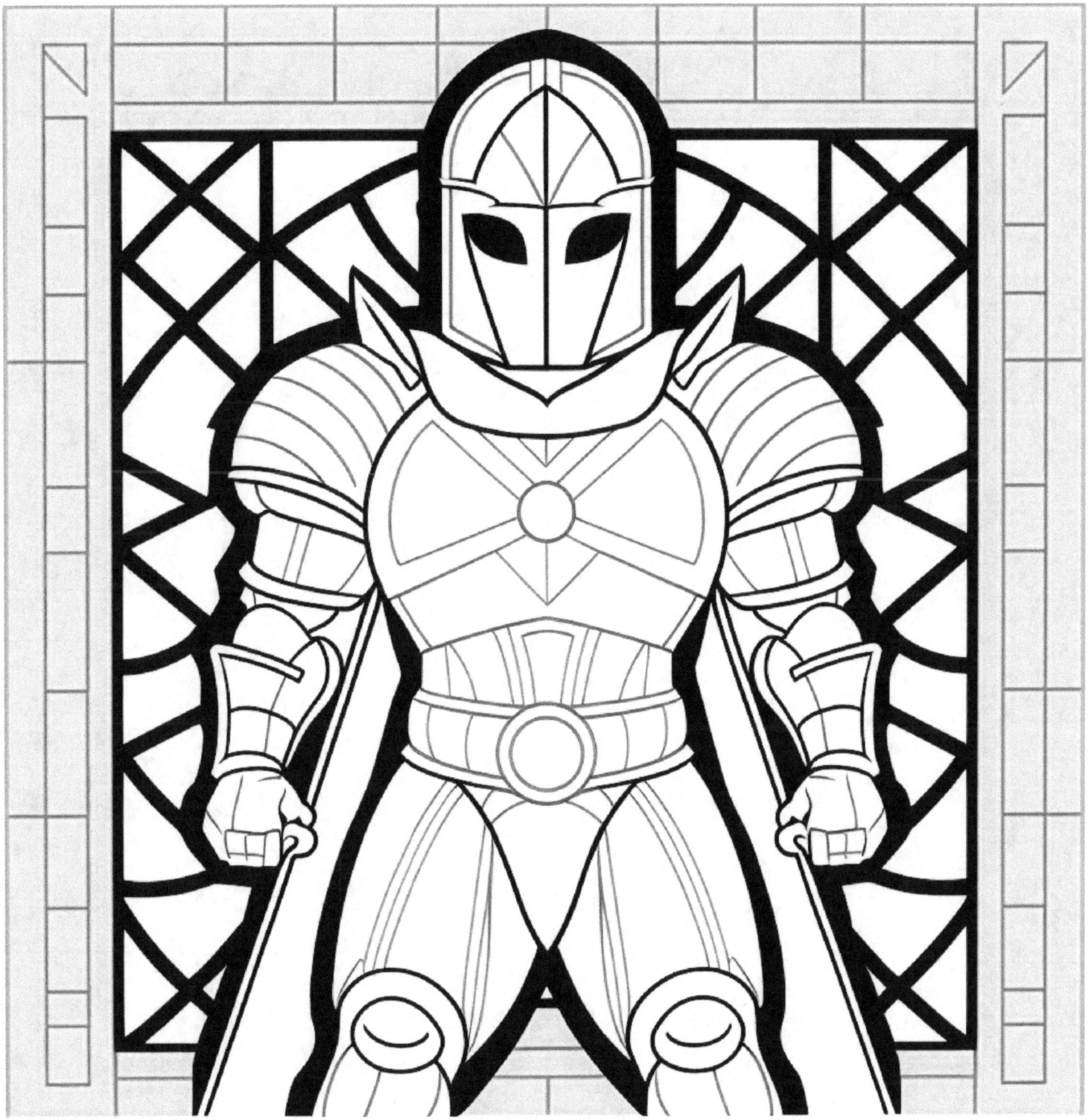

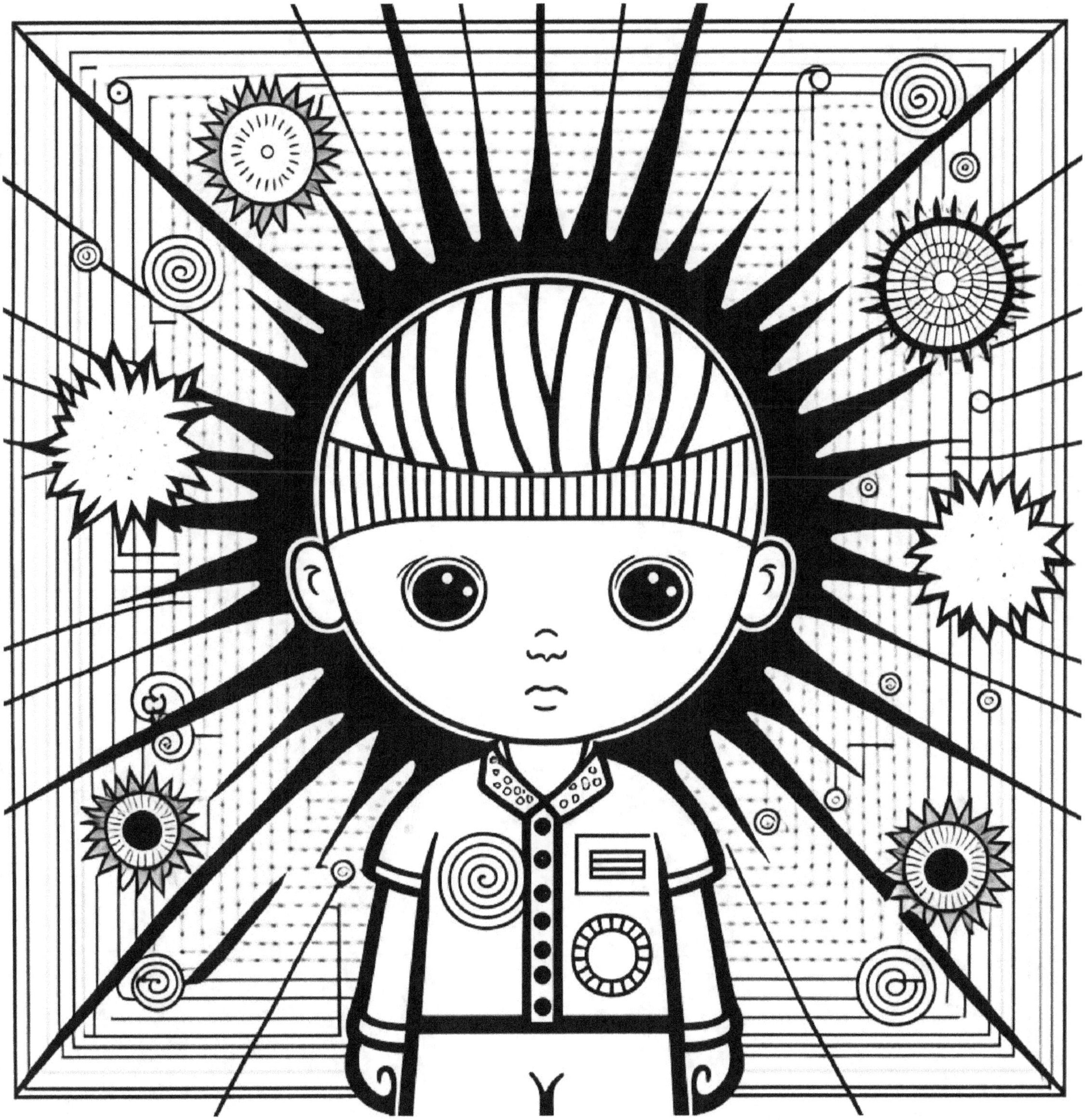

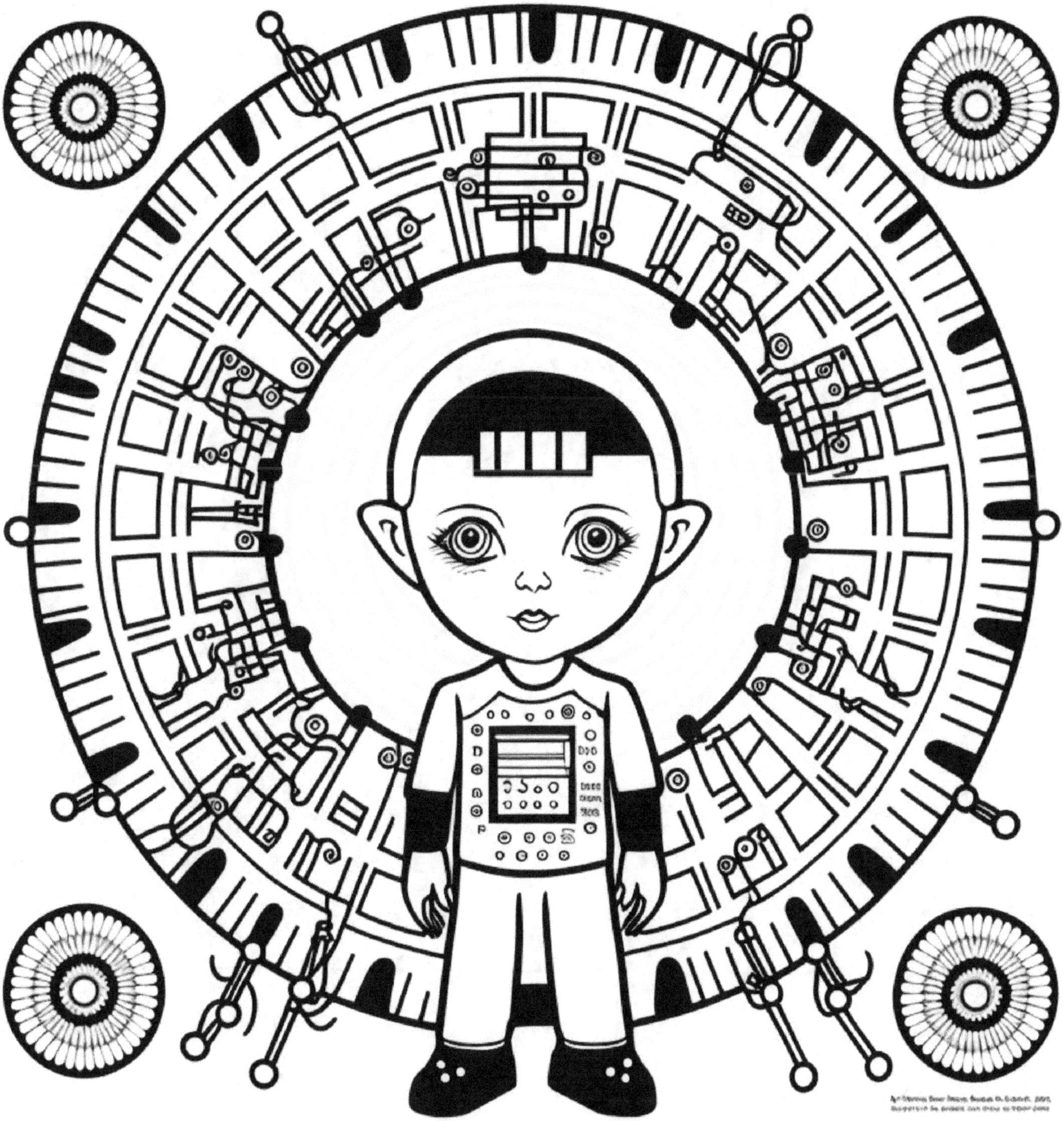

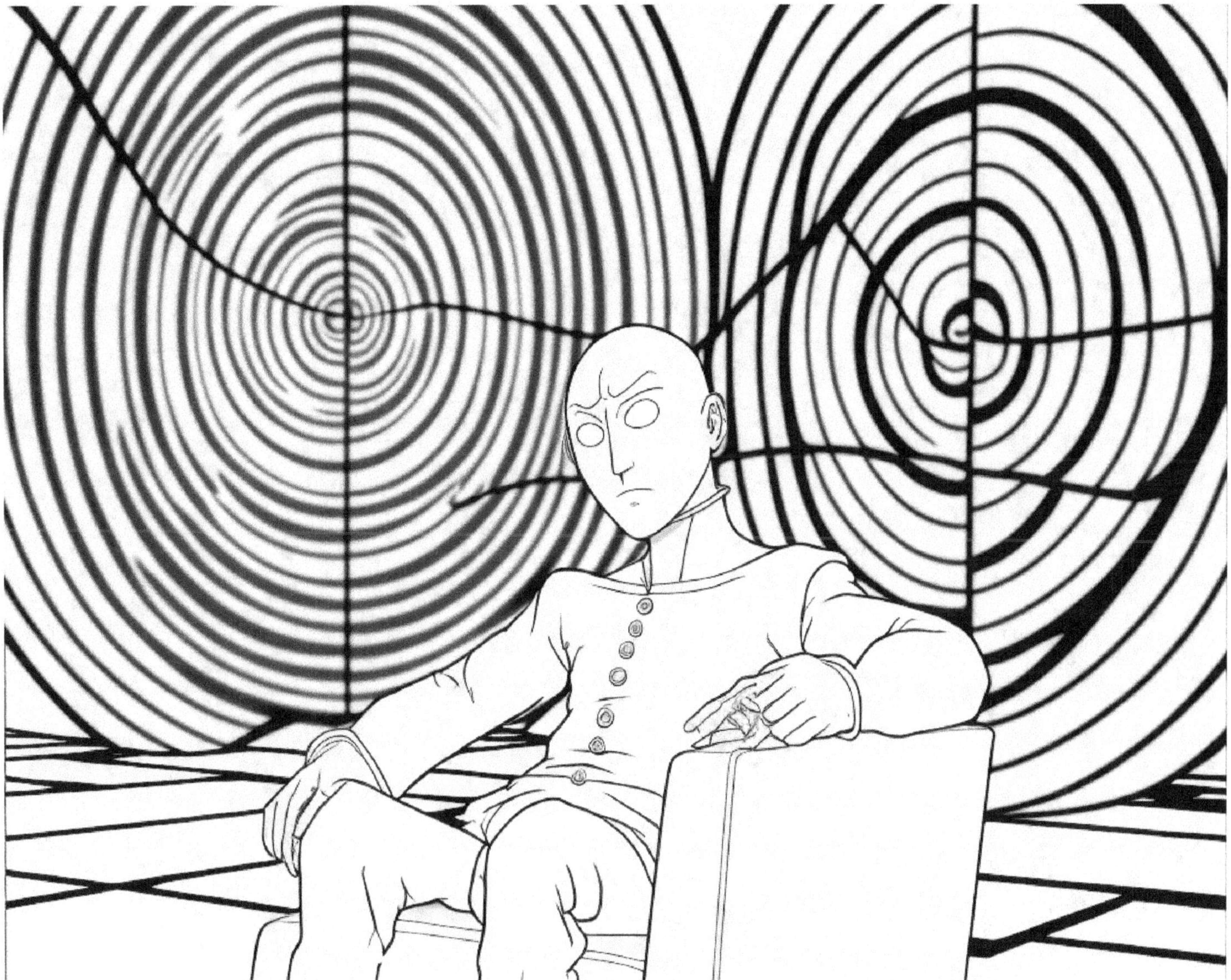

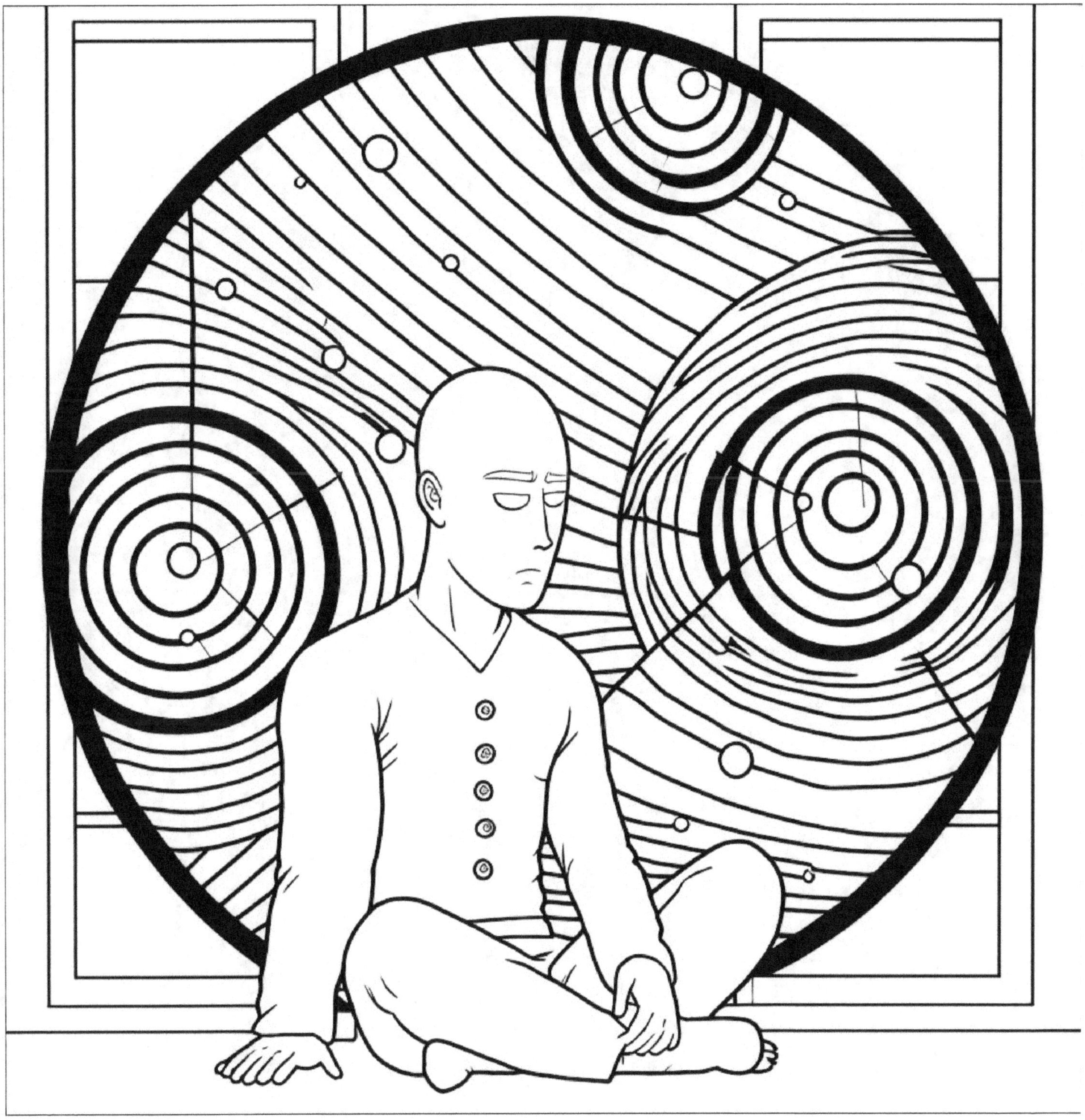

www.ingramcontent.com/pod-product-compliance
Lightning Source LLC
Chambersburg PA
CBHW080107010626
45794CB00015B/3301
* 9 7 9 8 8 7 1 6 5 9 8 2 3 *